Impressum
Verlag: BABADADA GmbH, Nedderfeld 112 , 22529 Hamburg
Geschäftsführer / Verlagsleitung: Harald Hof
Druck: Books on Demand GmbH, In de Tarpen 42, 22848 Norderstedt

Imprint
Publisher: BABADADA GmbH, Nedderfeld 112 , 22529 Hamburg, Germany
Managing Director / Publishing direction: Harald Hof
Print: Books on Demand GmbH, In de Tarpen 42, 22848 Norderstedt, Germany

escuela

xue xiao

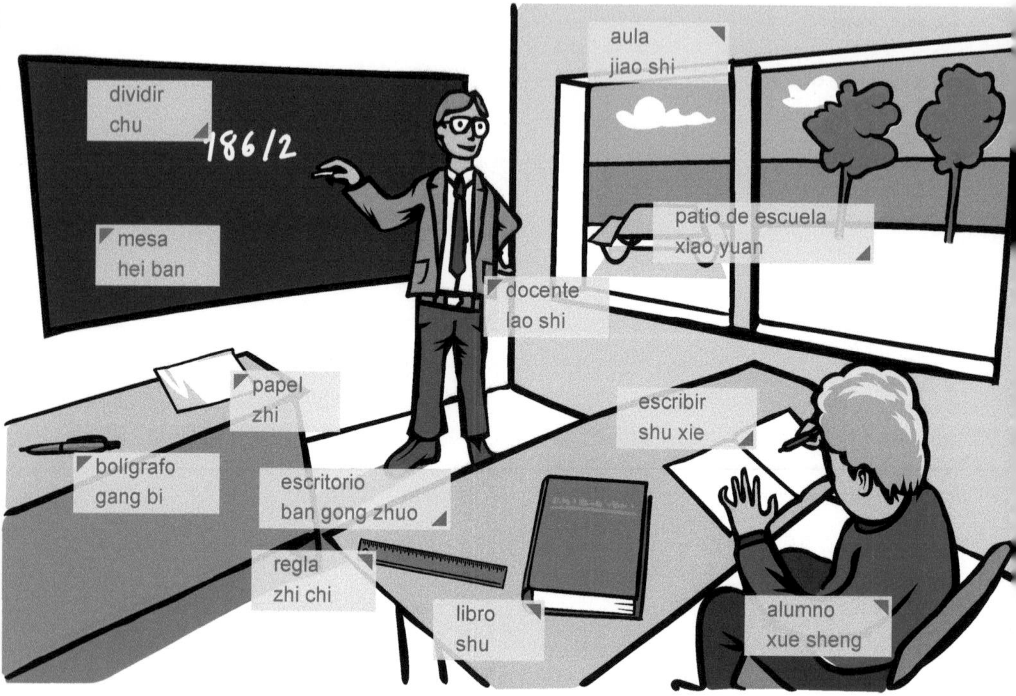

aula
jiao shi
dividir
chu
186/2
mesa
hei ban
patio de escuela
xiao yuan
docente
lao shi
papel
zhi
escribir
shu xie
bolígrafo
gang bi
escritorio
ban gong zhuo
regla
zhi chi
libro
shu
alumno
xue sheng

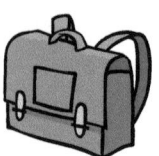

mochila escolar
shu bao

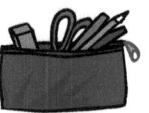

caja de lápices
qian bi he

lápiz
qian bi

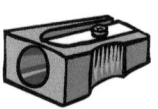

sacapuntas
juan bi dao

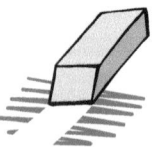

goma de borrar
xiang pi ca

bloc de dibujo
hua ban

dibujo

tu hua

pincel

hua bi

caja de pinturas

yan liao he

tijera

jian dao

pegamento

jiao shui

libro de ejercicios

lian xi ce

tarea

jia ting zuo ye

12

número

shu zi

2+2

sumar

jia

5-2

restar

jian

2×2

multiplicar

cheng

calcular

ji suan

A

letra

zi mu

ABCDEFG HIJKLMN OPQRSTU VWXYZ

alfabeto

zi mu biao

hello

palabra

zi

texto
ke wen

leer
du

tiza
fen bi

lección
shang ke

libro de clase
deng ji

examen
kao shi

certificado
zheng shu

uniforme escolar
xiao fu

educación
jiao yu

enciclopedia
bai ke quan shu

universidad
da xue

microscopio
xian wei jing

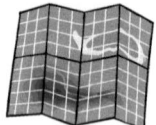

mapa
di tu

cesto de papeles
fei zhi kuang

viaje
lü xing

hotel
jiu dian
Grand
albergue
qing nian lü xing she
casa de cambio
wai bi dui huan chu
CHANGE
maleta
shou ti xiang
auto
qi che

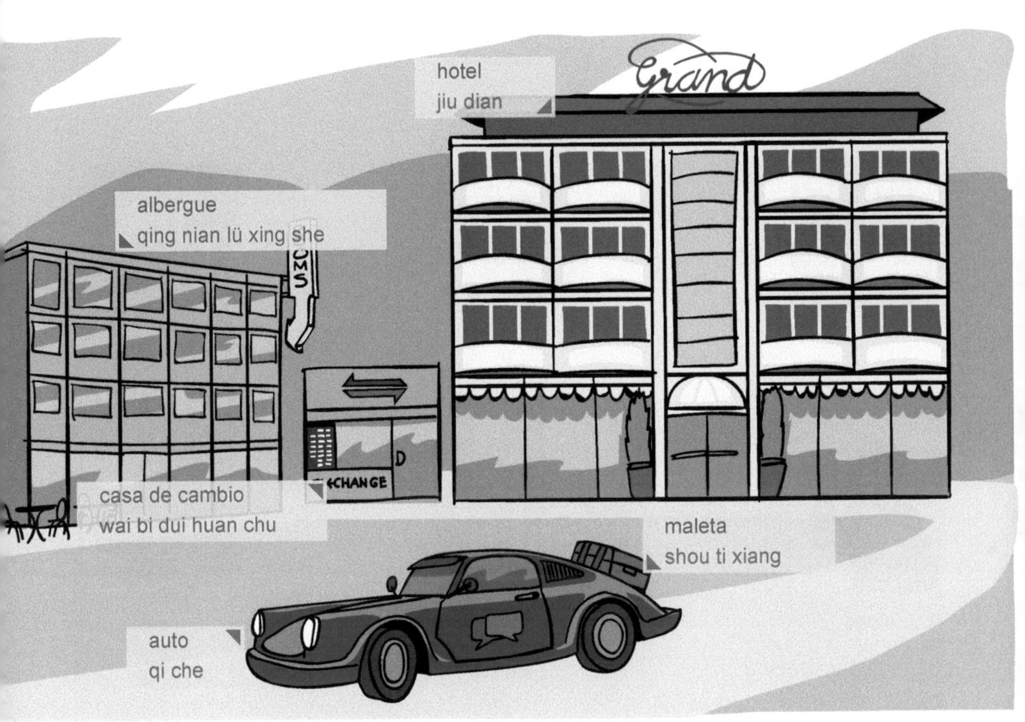

idioma
yu yan

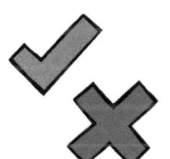

sí / no
shi/fou

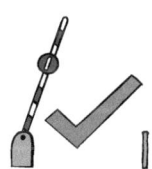

ok
hao de

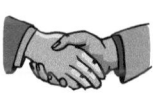

hola
nin hao

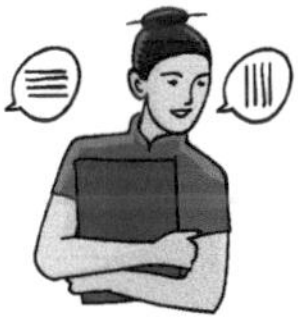

intérprete
fan yi yuan

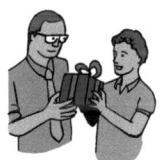

gracias
xie xie

¿Cuánto cuesta...?

......duo shao qian?

No entiendo

wo bu ming bai

problema

wen ti

¡Buenas tardes!

wan shang hao!

¡Buenos días!

zao shang hao!

¡Buenas noches!

wan an!

adiós

zai jian

dirección

fang xiang

equipaje

xing li

bolso

bao

mochila

shuang jian bao

invitado

ke ren

cuarto

fang jian

saco de dormir

shui dai

tienda de campaña

zhang peng

información al turista

lü you xin xi

playa

hai tan

tarjeta de crédito

xin yong ka

desayuno

zao can

almuerzo

wu can

cena

wan can

pasaje

piao

ascensor

dian ti

sello

you piao

límite

bian jie

aduana

hai guan

embajada

da shi guan

visa

qian zheng

pasaporte

hu zhao

transporte

jiao tong yun shu

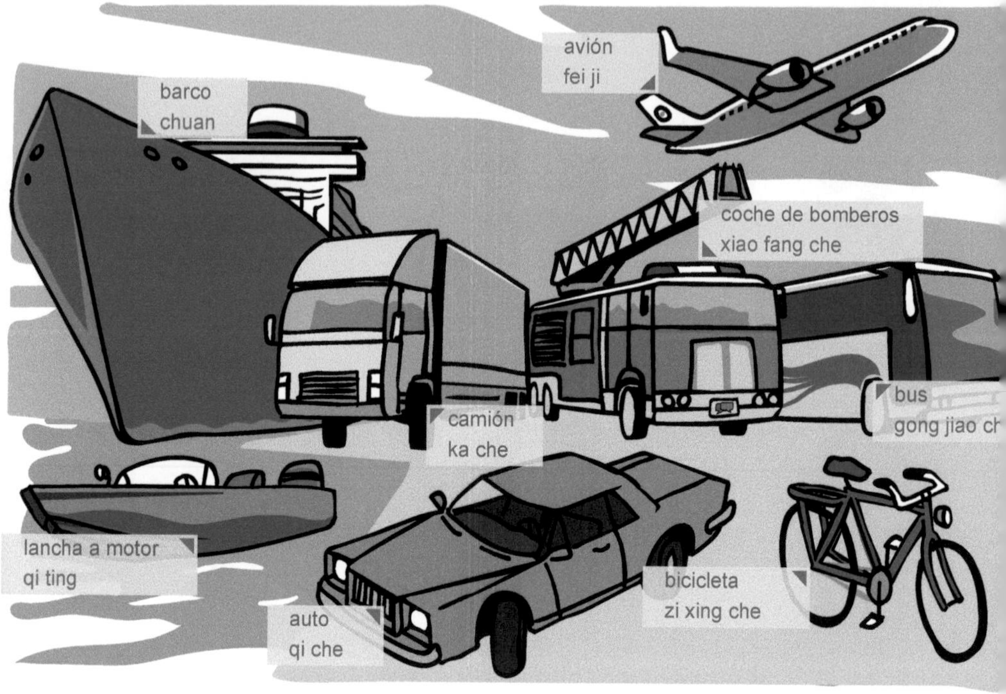

barco
chuan
avión
fei ji
coche de bomberos
xiao fang che
bus
gong jiao ch
camión
ka che
lancha a motor
qi ting
bicicleta
zi xing che
auto
qi che

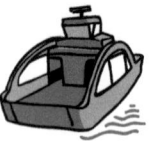

balsa

bai du chuan

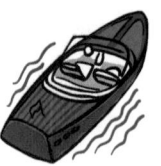

lancha

xiao chuan

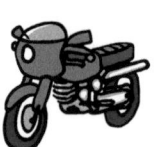

motocicleta

mo tuo che

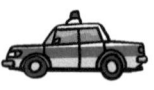

auto de policía

jing che

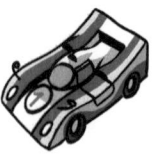

auto de carreras

sai che

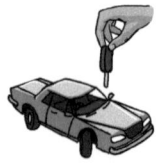

auto de alquiler

zu che

alquiler de autos
pin che

grúa
tuo che

vehículo recolector de basura
la ji che

motor
fa dong ji

gasolina
qi you

gasolinera
jia you zhan

señal de tráfico
jiao tong biao zhi

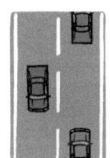

tránsito
jiao tong

atasco
jiao tong du sai

estacionamiento
ting che chang

estación de tren
huo che zhan

carril
gui dao

tren
huo che

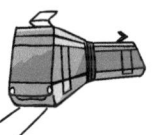

tranvía
dian che

vagón
huo che

helicóptero

zhi sheng ji

aeropuerto

ji chang

torre

ta

pasajero

cheng ke

contenedor

ji zhuang xiang

caja de cartón

zhi ban xiang

carro

shou tui che

cesta

lan zi

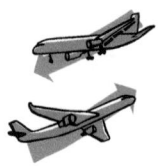

despegar / aterrizar

qi fei/jiang luo

ciudad
cheng shi

aldea

cun zhuang

centro de la ciudad

shi zhong xin

casa

fang zi

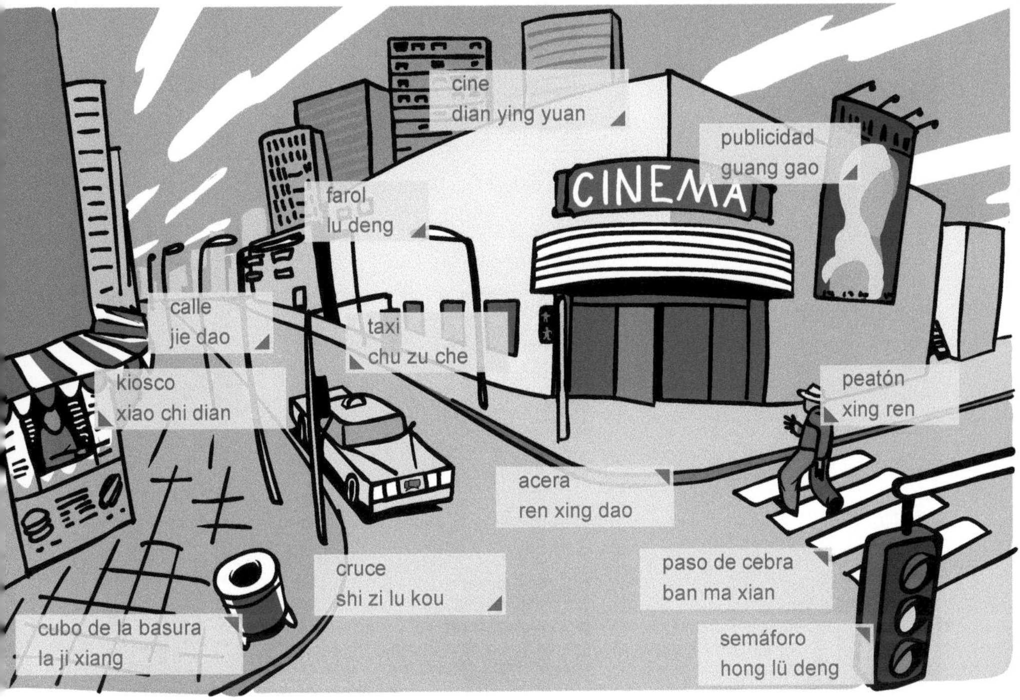
cine
dian ying yuan
CINEMA
publicidad
guang gao
farol
lu deng
calle
jie dao
taxi
chu zu che
kiosco
xiao chi dian
peatón
xing ren
acera
ren xing dao
cruce
shi zi lu kou
paso de cebra
ban ma xian
cubo de la basura
la ji xiang
semáforo
hong lü deng

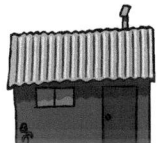

cabaña

xiao wu

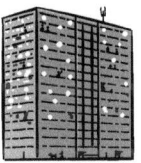

apartamento

gong yu

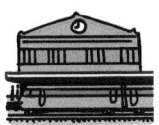

estación de tren

huo che zhan

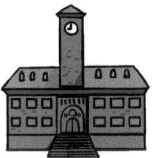

ayuntamiento

shi zheng ting

MUSEUM

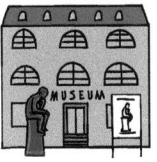

museo

bo wu guan

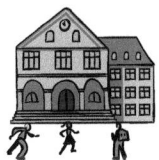

escuela

xue xiao

universidad
da xue

banco
yin hang

hospital
yi yuan

hotel
jiu dian

farmacia
yao fang

oficina
ban gong shi

librería
shu dian

negocio
shang dian

florería
hua dian

supermercado
chao shi

mercado
shi chang

grandes almacenes
bai huo shang dian

pescadería
yu dian

centro comercial
gou wu zhong xin

puerto
hai gang

parque

gong yuan

banco

chang deng

puente

qiao

escalera

lou ti

metro

di tie

túnel

sui dao

parada de autobuses

gong jiao che zhan

bar

jiu ba

restaurante

can guan

buzón de correo

you tong

letrero

lu biao

parquímetro

ting che ji shi qi

zoológico

dong wu yuan

piscina

you yong guan

mezquita

qing zhen si

granja

nong chang

polución

wu ran

cementerio

mu di

iglesia

jiao tang

parque infantil

cao chang

templo

si miao

paisaje

di xing

hoja
shu ye

indicador de camino
zhi shi pai

sendero
lu

pradera
cao di

piedra
shi tou

caminante
tu bu lü xing zhe

árbol
shu

río
he

pasto
cao

flor
hua

valle

xia gu

montaña

shan

lago

hu

bosque

sen lin

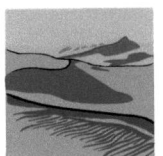

desierto

sha mo

volcán

huo shan

castillo

cheng bao

arco iris

cai hong

seta

mo gu

palmera

zong lü shu

mosquito

wen zi

mosca

cang ying

hormiga

ma yi

abeja

mi feng

araña

zhi zhu

escarabajo

jia chong

rana

qing wa

ardilla

song shu

erizo

ci wei

liebre

ye tu

lechuza

mao tou ying

pájaro

niao

cisne

tian e

jabalí

ye zhu

ciervo

lu

alce

mi lu

embalse

shui ba

aerogenerador

feng li fa dian ji

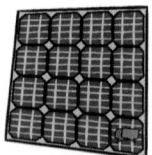

módulo solar

tai yang neng dian chi ban

clima

qi hou

restaurante

can guan

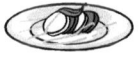

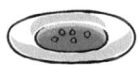

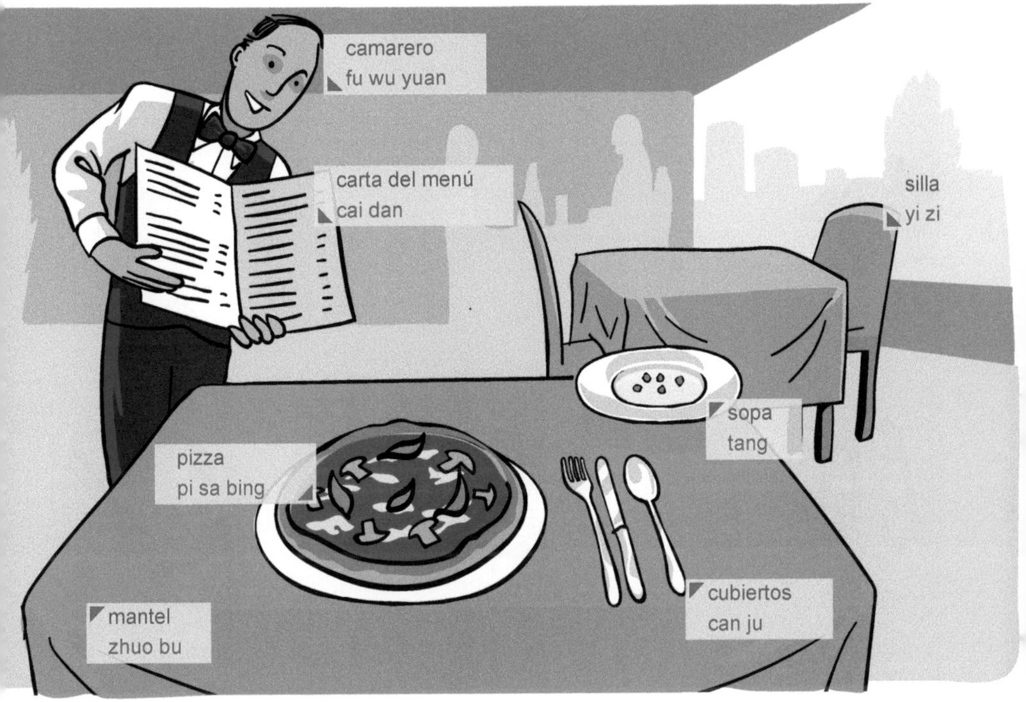
camarero
fu wu yuan
carta del menú
cai dan
silla
yi zi
sopa
tang
pizza
pi sa bing
cubiertos
can ju
mantel
zhuo bu

entrada

qian cai

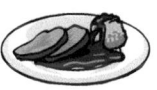

plato principal

zhu cai

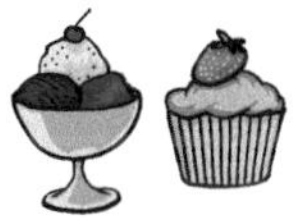

postre

tian dian

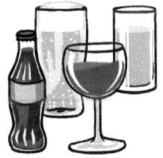

bebida

yin liao

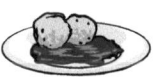

comida

shi wu

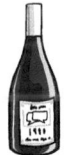

botella

ping zi

comida rápida

kuai can

comida callejera

jie bian xiao chi

tetera

cha hu

azucarera

tang he

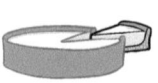

porción

yi fen fan cai

máquina de espresso

yi shi ka fei ji

silla alta

gao jiao yi

factura

zhang dan

bandeja

tuo pan

cuchillo

dao

tenedor

can cha

cuchara

shao zi

cuchara de té

cha chi

servilleta

can jin

vaso

bo li bei

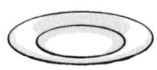

plato
....
die zi

plato de sopa
....
tang pan

platillo
....
die zi

salsa
....
jiang

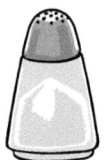

salero
....
yan ping

molinillo para pimienta
....
hu jiao mo

vinagre
....
cu

aceite
....
shi yong you

especias
....
tiao wei liao

ketchup
....
fan qie jiang

mostaza
....
jie mo

mayonesa
....
dan huang jiang

supermercado

chao shi

oferta
te jia
FOR
cliente
gu ke
productos lácteos
ru zhi pin
fruta
shui guo
carrito de compras
gou wu che

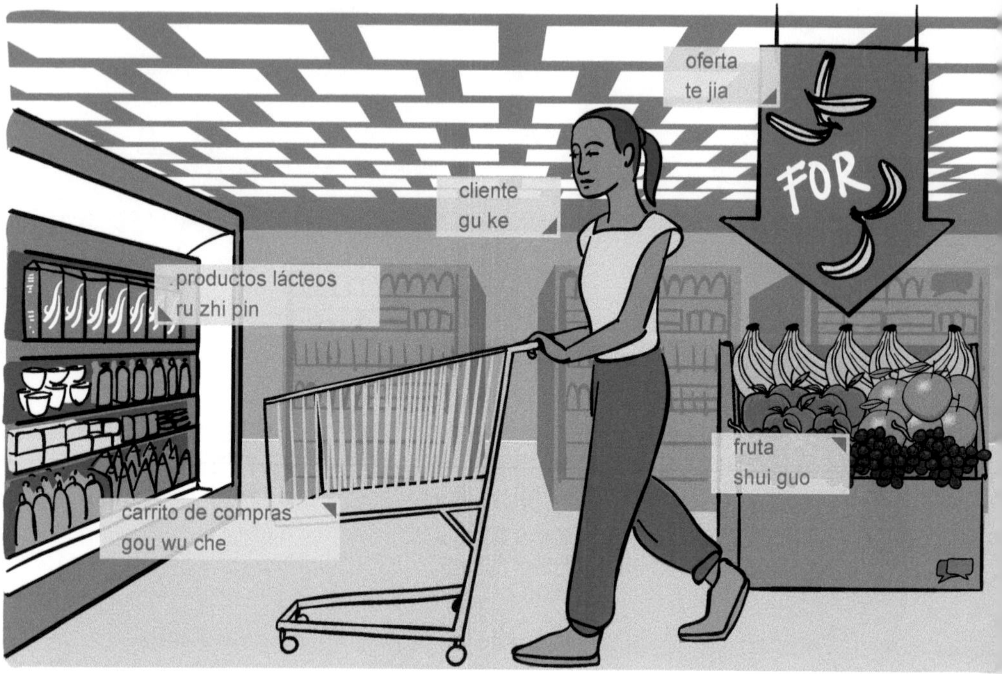

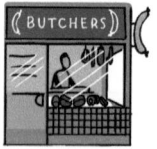

BUTCHERS

carnicería

rou pu

BAKERY

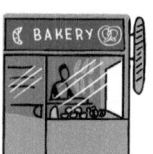

panadería

mian bao fang

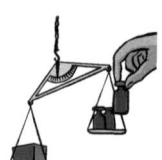

pesar

cheng zhong

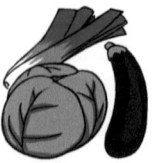

verdura

shu cai

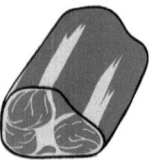

carne

rou

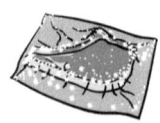

alimentos congelados

leng dong shi pin

fiambre
leng pan

conservas
guan tou shi pin

detergente en polvo
xi yi fen

dulces
tian shi

artículos domésticos
ri yong pin

productos de limpieza
qing jie yong pin

vendedora
xiao shou yuan

caja
shou yin ji

cajero
shou yin yuan

lista de compras
gou wu qing dan

horario de atención
kai fang shi jian

cartera
qian bao

tarjeta de crédito
xin yong ka

maleta
dai zi

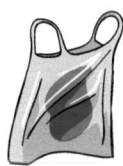

bolsa plástica
su liao dai

agua

shui

jugo

guo zhi

leche

niu nai

refresco de cola

ke le

vino

hong jiu

cerveza

pi jiu

alcohol

jiu

cacao

ke ke

té

cha

café

ka fei

espresso

yi shi nong suo ka fei

cappuccino

ka bu qi nuo

banana

xiang jiao

manzana

ping guo

naranja

cheng zi

sandía

xi gua

limón

ning meng

zanahoria

hu luo bo

ajo

da suan

bambú

zhu zi

cebolla

yang cong

seta

mo gu

nueces

jian guo

fideos

mian tiao

espagueti

yi da li mian tiao

arroz

mi fan

ensalada

sha la

patatas fritas

shu tiao

patatas salteadas

zha tu dou

pizza

pi sa bing

hamburguesa

han bao bao

sándwich

san ming zhi

escalope

zha zhu pai

jamón

huo tui

salame

sa la mi

embutido

xiang chang

pollo

ji rou

asado

kao rou

pescado

yu

copos de avena

yan mai pian

musli

mu zi li

copos de maíz tostado

yu mi pian

harina

mian fen

croissant

yang jiao mian bao

panecillo

mian bao juan

pan

mian bao

tostada

kao mian bao

galletas

bing gan

mantequilla

huang you

cuajada

ning ru

pastel

dan gao

huevo

dan

huevo frito

jian dan

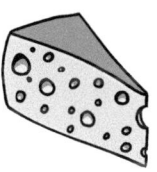

queso

nai lao

helado

bing ji lin

azúcar

tang

miel

feng mi

mermelada

guo jiang

praliné

qiao ke li jiang

curry

ga li fan

granja
nong chang

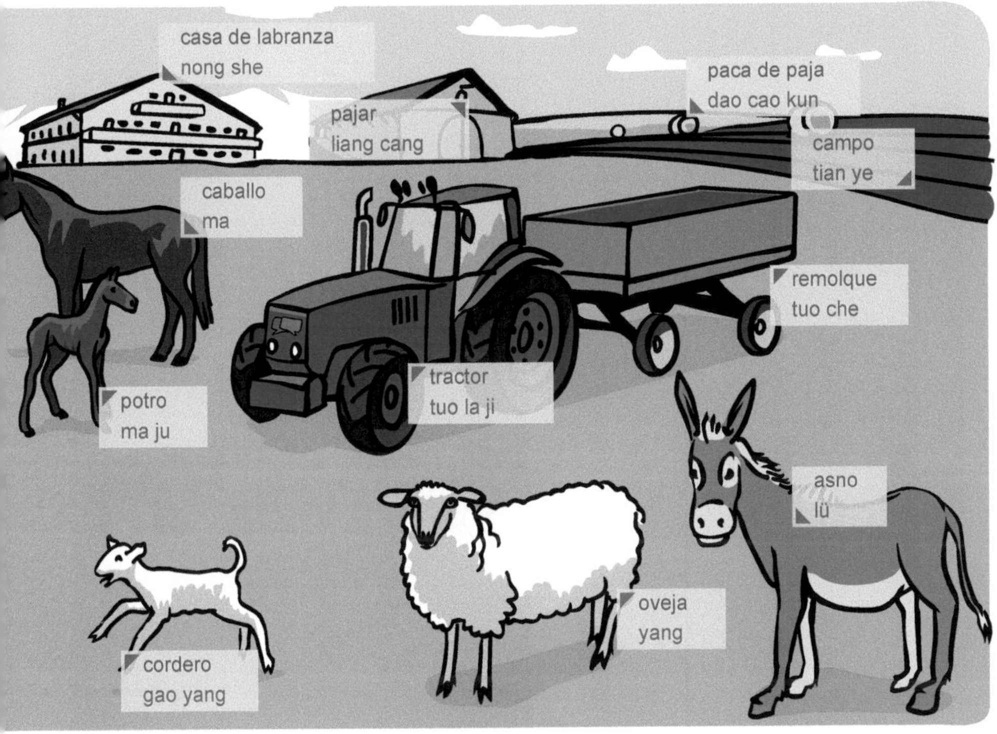

casa de labranza
nong she
pajar
liang cang
paca de paja
dao cao kun
campo
tian ye
caballo
ma
remolque
tuo che
tractor
tuo la ji
potro
ma ju
asno
lü
oveja
yang
cordero
gao yang

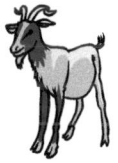

cabra
shan yang

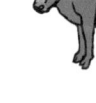

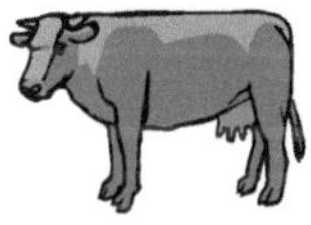

vaca
nai niu

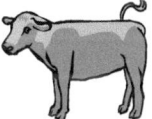

ternero
niu du

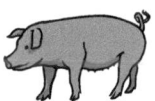

cerdo
zhu

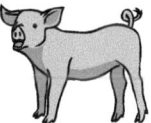

lechón
xiao zhu

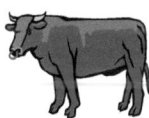

toro
gong niu

ganso

e

pato

ya

polluelo

xiao ji

pollo

mu ji

gallo

gong ji

rata

shu

gato

mao

ratón

lao shu

buey

niu

perro

gou

caseta del perro

gou wu

manguera de riego

hua yuan jiao shui ruan guan

regadera

sa shui hu

guadaña

chang bing da lian dao

arado

li

hoz

lian dao

azada

chu tou

bieldo

chang bing cao pa

hacha

fu tou

carretilla

du lun shou tui che

abrevadero

si liao cao

lechera

niu nai guan

saco

ma bu dai

cerca

zha lan

establo

ma jiu

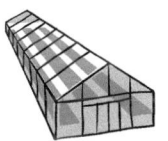

invernadero

wen shi

suelo

tu rang

semilla

zhong zi

fertilizante

fei liao

cosechadora

lian he shou ge ji

cosechar

shou ge

cosecha

shou ge

raíz de ñame

shan yao

trigo

xiao mai

soja

da dou

patata

tu dou

maíz

yu mi

colza

you cai zi

Árbol frutal

guo shu

mandioca

shu shu

cereales

gu wu

casa

fang zi

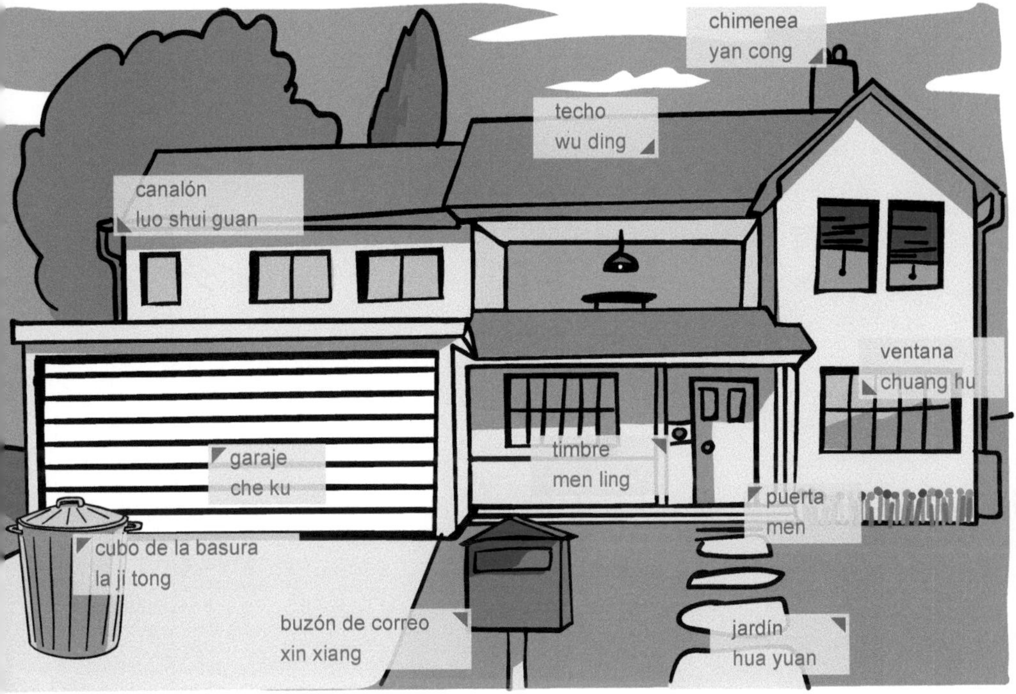

chimenea
yan cong
techo
wu ding
canalón
luo shui guan
ventana
chuang hu
timbre
men ling
garaje
che ku
puerta
men
cubo de la basura
la ji tong
buzón de correo
xin xiang
jardín
hua yuan

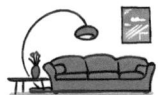

cuarto de estar

ke ting

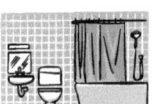

cuarto de baño

yu shi

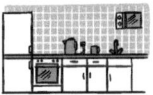

cocina

chu fang

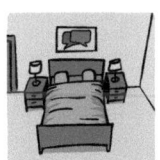

dormitorio

wo shi

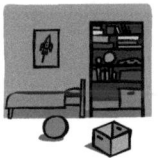

cuarto de los niños

er tong fang

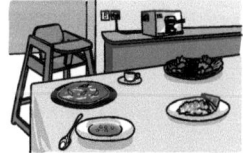

comedor

can ting

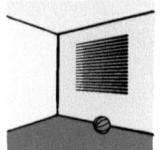

piso

di ban

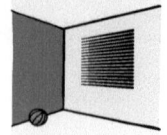

pared

qiang bi

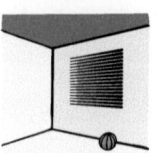

cielorraso

diao ding

sótano

di jiao

sauna

sang na

balcón

yang tai

terraza

lu tai

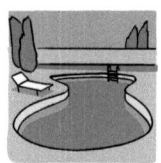

piscina

you yong chi

cortacésped

ge cao ji

funda nórdica

bei dan

edredón

chuang zhao

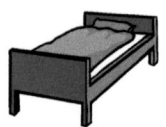

cama

chuang

escoba

sao zhou

cubo

shui tong

interruptor

kai guan

cuarto de estar

ke ting

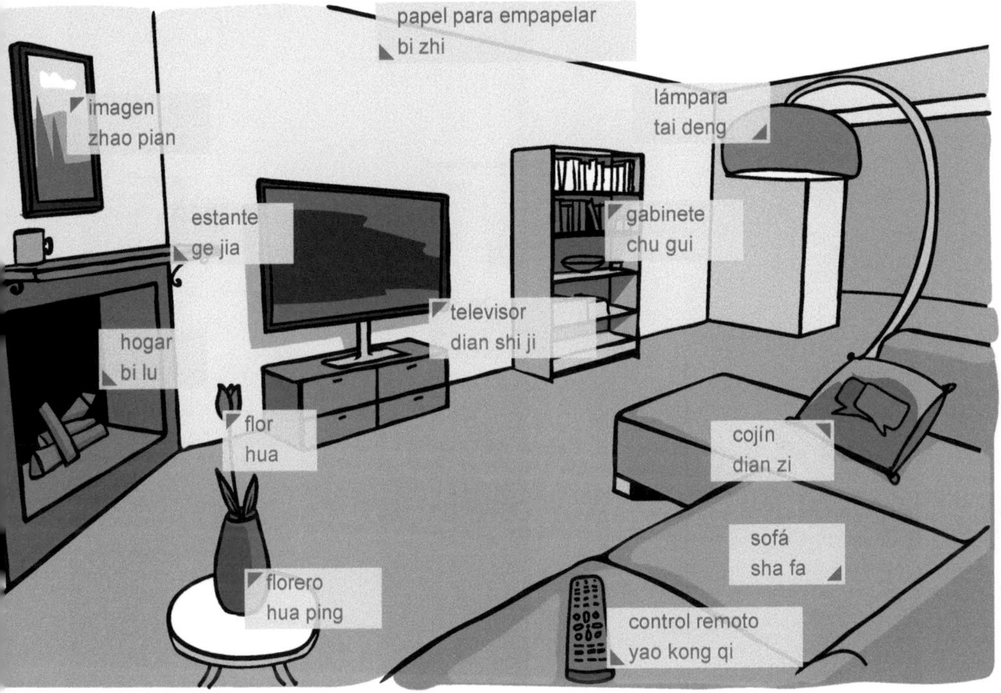

papel para empapelar
bi zhi
imagen
zhao pian
lámpara
tai deng
estante
ge jia
gabinete
chu gui
televisor
dian shi ji
hogar
bi lu
flor
hua
cojín
dian zi
sofá
sha fa
florero
hua ping
control remoto
yao kong qi

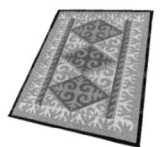

alfombra

di tan

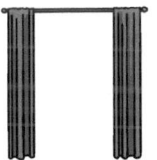

cortina

chuang lian

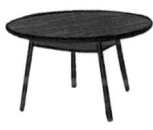

mesa

can zhuo

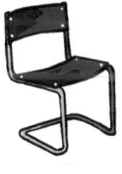

silla

yi zi

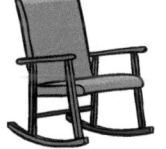

mecedora

yao yi

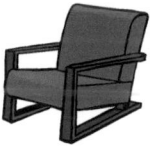

sillón

fu shou yi

libro

shu

frazada

tan zi

decoración

zhuang shi pin

leña

mu chai

film

dian ying

equipo estereofónico

gao bao zhen yin xiang

llave

yao shi

periódico

bao zhi

cuadro

you hua

póster

hai bao

radio

shou yin ji

bloc de notas

bi ji ben

aspiradora

xi chen qi

cactus

xian ren zhang

vela

la zhu

cocina
chu fang

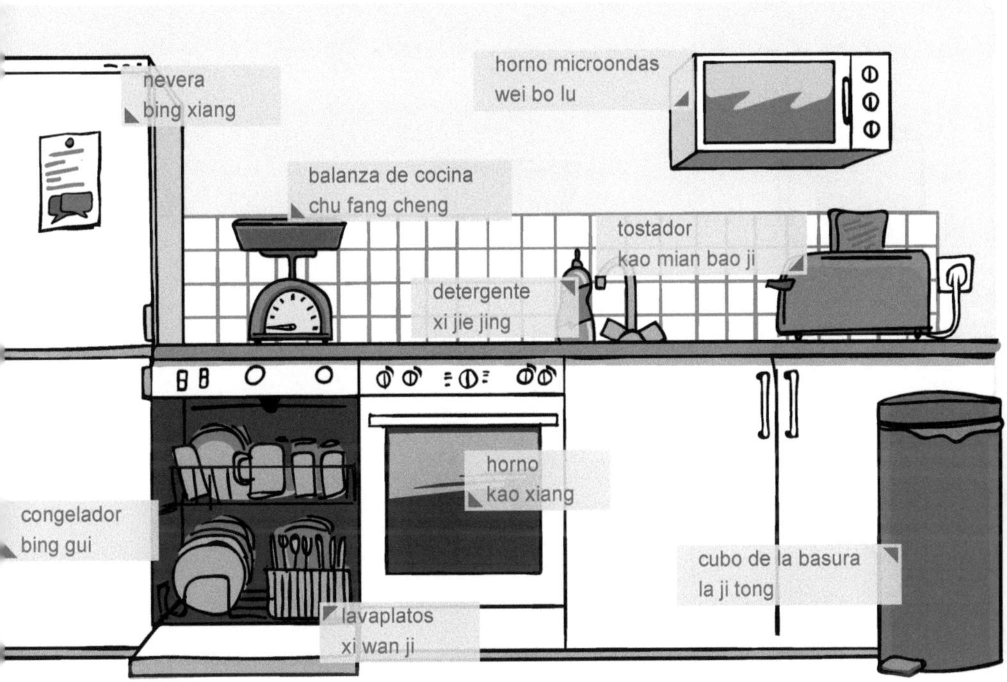

nevera
bing xiang
horno microondas
wei bo lu
balanza de cocina
chu fang cheng
tostador
kao mian bao ji
detergente
xi jie jing
horno
kao xiang
congelador
bing gui
cubo de la basura
la ji tong
lavaplatos
xi wan ji

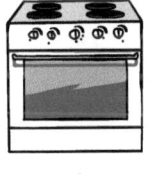

cocina

chui ju

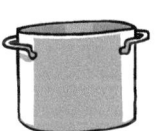

olla

guo

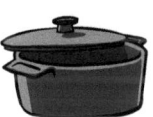

olla de fundición de hierro

zhu tie guo

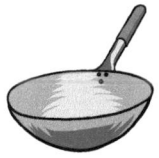

wok / kadai

sha guo

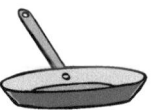

sartén

ping di guo

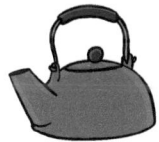

hervidor de agua

shui hu

olla de vapor

zheng guo

bandeja de horno

kao pan

vajilla

tao ci guo

vaso

ma ke bei

bol

wan

palillos para comer

kuai zi

cucharón de sopa

chang bing shao

espátula

chan zi

batidor

jiao ban qi

colador

lü wang

cedazo

shai zi

rallador

mo sui ji

mortero

yan bo

parrillada

shao kao

fogata

ming huo

tabla de picar

cai ban

rodillo

gan mian zhang

sacacorchos

kai ping qi

lata

guan zi

abrelatas

kai ping qi

agarrador

ge re shou tao

fregadero

shui cao

cepillo

shua zi

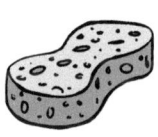

esponja

hai mian

batidora

jiao ban ji

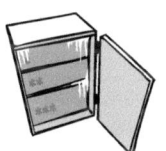

arcón congelador

leng cang xiang

biberón

nai ping

grifo

shui long tou

cuarto de baño

yu shi

calefacción
gong nuan she bei
ducha
lin yu
toalla
mao jin
cortina para ducha
yu lian
baño de espuma
pao mo yu
bañera
yu gang
vaso
bo li bei
lavadora
xi yi ji
grifo
shui long tou
baldosa
ci zhuan
orinal
bian hu
fregadero
shui cao

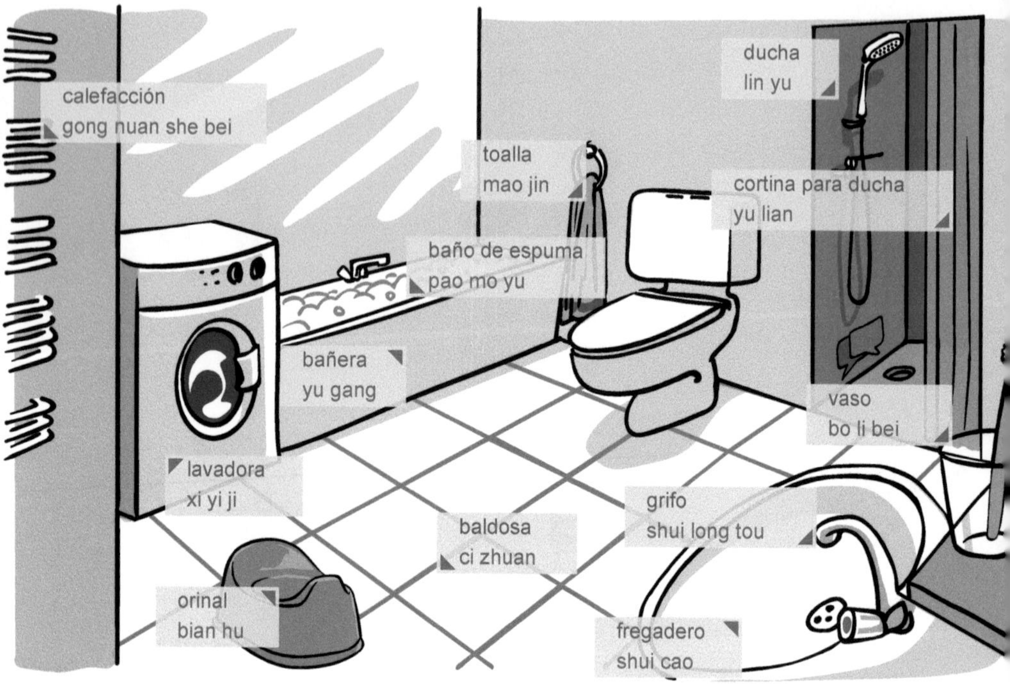

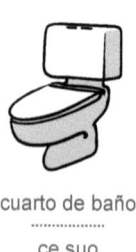

cuarto de baño

ce suo

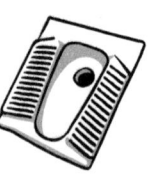

placa turca

dun bian qi

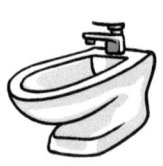

bidé

zuo yu qi

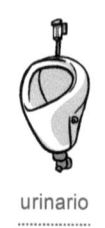

urinario

xiao bian chi

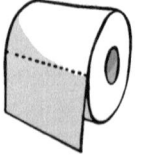

papel higiénico

ce zhi

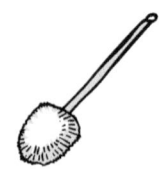

escobilla para el cuarto de baño

ma tong shua

cepillo de dientes

ya shua

pasta dentífrica

ya gao

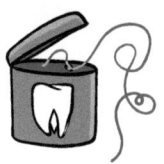

seda dental

ya xian

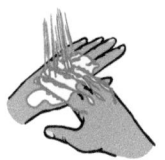

lavar

xi

ducha teléfono

shou chi shi pen lin tou

ducha higiénica

chong xi qi

cuenco

xi lian pen

cepillo para la espalda

ca bei shua

jabón

fei zao

gel de ducha

mu yu lu

champú

xi fa shui

manopla para baño

fa lan rong

desagüe

pai shui

crema

ru shuang

desodorante

chu chou ji

espejo

jing zi

espejo de maquillaje

shou jing

máquina de afeitar

ti xu dao

espuma de afeitar

ti xu pao mo

loción para después del afeitado

xu hou shui

peine

shu zi

cepillo

shua zi

secador para cabello

chui feng ji

laca de peinado

pen fa ding xing ji

maquillaje

hua zhuang pin

lápiz labial

chun gao

laca para uñas

zhi jia you

algodón

hua zhuang mian

tijera para uñas

zhi jia jian

perfume

xiang shui

neceser

xi shu bao

taburete

deng zi

balanza

ji zhong cheng

bata de baño

yu pao

guantes de goma

xiang jiao shou tao

tampón

wei sheng mian tiao

compresa

wei sheng jin

wáter químico

hua xue ce suo

cuarto de los niños

er tong fang

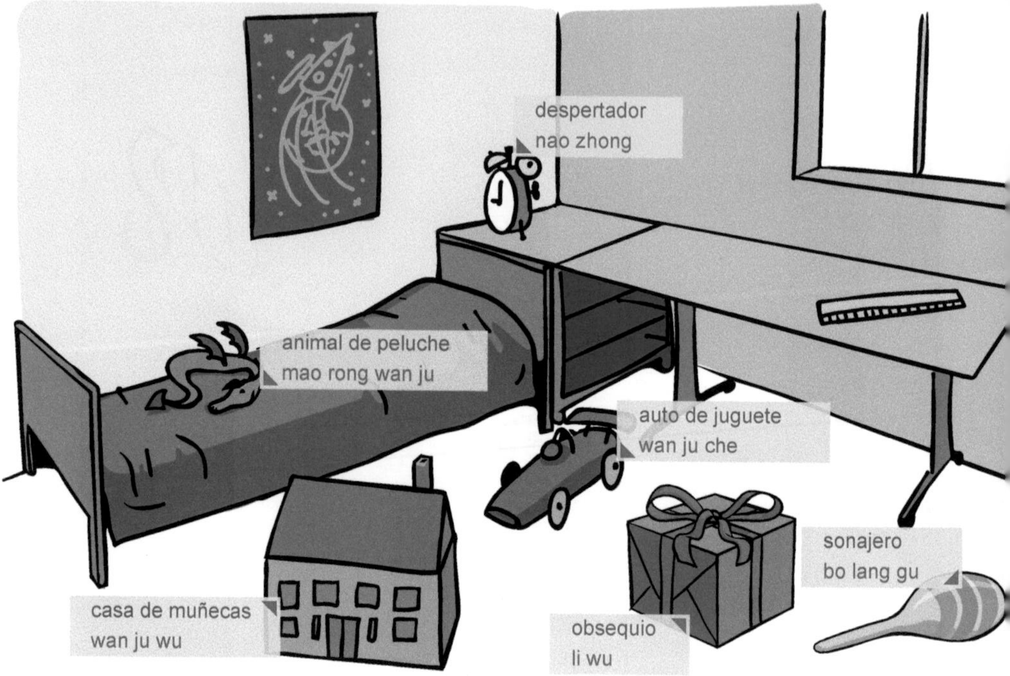

despertador
nao zhong
animal de peluche
mao rong wan ju
auto de juguete
wan ju che
sonajero
bo lang gu
casa de muñecas
wan ju wu
obsequio
li wu

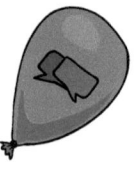

globo

qi qiu

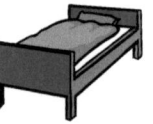

cama

chuang

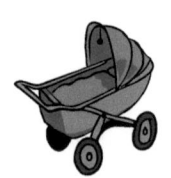

cochecito para niños

(yang wa wa yong)ying er che

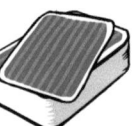

juego de barajas

pu ke pai

rompecabezas

pin tu

SUPER MEGA

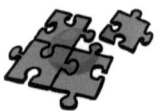

cómic

man hua

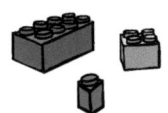

piezas de Lego

le gao ji mu

bloques para jugar

ji mu wan ju

figura de acción

wan ju ren

pijama de una pieza

ying er fu

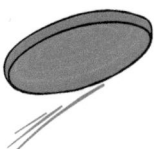

frisbee

fei pan

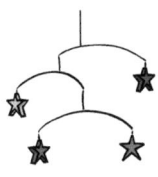

móvil

chuang ling wan ju

juego de mesa

qi pan you xi

dado

shai zi

tren eléctrico a escala

huo che mo xing

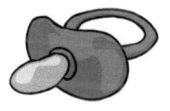

chupete

an fu nai zui

fiesta

ju hui

libro de dibujos

hui ben

pelota

qiu

títere

yang wa wa

jugar

wan

arenero

sha keng

columpio

qiu qian

juguetes

wan ju

consola de videojuego

you xi ji

triciclo

san lun che

osito de peluche

tai di xiong

guardarropa

yi chu

vestimenta

yi fu

calcetines

wa zi

medias

chang wa

panti

jin shen ku

chal
wei jin

cinturón
pi dai

paraguas
yu san

camiseta
T xu

deportivas
yun dong xie

botas
xue zi

zapatilla
tuo xie

sandalias

liang xie

zapatos

xie

botas de goma

yu xue

ropa interior

nei ku

corpiño

xiong zhao

camiseta

bei xin

vestimenta - yi fu

body
shen ti

pantalón
ku zi

jeans
niu zai ku

falda
duan qun

blusa
nü shi chen shan

camisa
chen shan

pullover
tao tou shan

sweater
wei yi

blazer
xi zhuang jia ke

chaqueta
jia ke

abrigo
wai tao

impermeable
yu yi

traje chaqueta
tao zhuang

vestido
lian yi qun

vestido de bodas
hun sha

traje

xi zhuang

camisón

shui pao

pijama

shui yi

sari

sha li

pañuelo de cabeza

tou jin

turbante

bao tou jin

burka

bo ka

caftán

ka fu tan

abaya

(a la bo shi)chang pao

traje de baño

yong yi

bañador

nan shi yong ku

shorts

duan ku

chándal

yun dong fu

delantal

wei qun

guante

shou tao

botón

niu kou

gafa

yan jing

brazalete

shou lian

cadena

xiang lian

anillo

jie zhi

aro

er huan

gorra

bian mao

percha

yi jia

sombrero

mao zi

corbata

ling dai

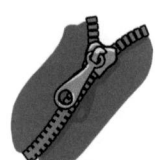

cierre a cremallera

la lian

casco

tou kui

tiradores

bei dai

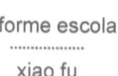

uniforme escolar

xiao fu

uniforme

zhi fu

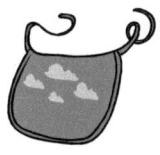

babero
wei dou

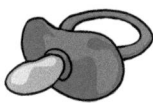

chupete
an fu nai zui

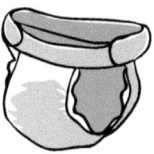

pañal
niao bu shi

oficina
ban gong shi

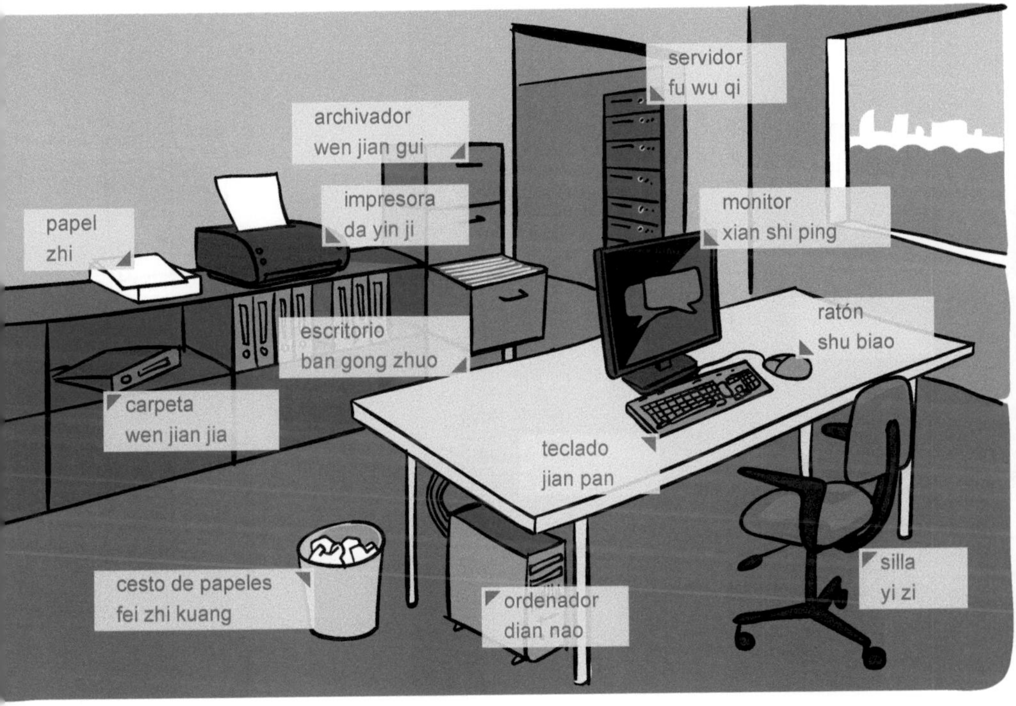
servidor
fu wu qi
archivador
wen jian gui
impresora
da yin ji
papel
zhi
monitor
xian shi ping
ratón
shu biao
escritorio
ban gong zhuo
carpeta
wen jian jia
teclado
jian pan
silla
yi zi
cesto de papeles
fei zhi kuang
ordenador
dian nao

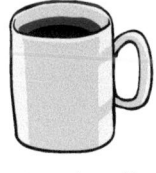

taza de café
ka fei bei

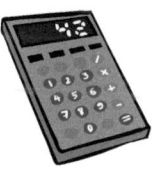

calculadora
ji suan qi

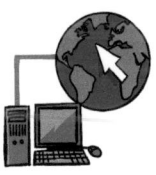

internet
yin te wang

laptop

bi ji ben dian nao

carta

xin jian

mensaje

xiao xi

teléfono móvil

shou ji

red

wang luo

fotocopiadora

fu yin ji

software

ruan jian

teléfono

dian hua

tomacorriente

cha zuo

máquina de fax

chuan zhen ji

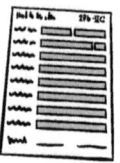

formulario

biao ge

documento

wen jian

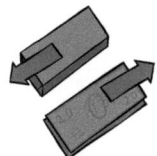

comprar

mai

pagar

fu qian

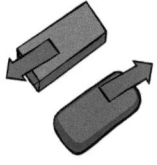

comerciar

jiao yi

dinero

xian jin

 USD

dólar

mei yuan

 EUR

euro

ou yuan

 JPY

yen

ri yuan

 RUB

rublo

lu bu

 CHF

franco

rui shi fa lang

 CNY

renminbi

ren min bi

 INR

rupia

lu bi

cajero automático

ti kuan chu

casa de cambio

wai bi dui huan chu

oro

jin

plata

yin

petróleo

shi you

energía

neng yuan

precio

jia ge

contrato

he tong

impuesto

shui jin

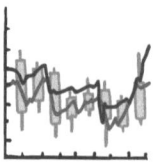

acción

gu piao

trabajar

gong zuo

empleado

zhi yuan

empleador

lao ban

fábrica

gong chang

negocio

shang dian

policía
jing guan

bombero
xiao fang yuan

cocinero
chu shi

médico
yi sheng

piloto
fei xing yuan

jardinero
....
yuan ding

carpintero
....
mu jiang

costurera
....
cai feng

juez
....
fa guan

químico
....
hua xue jia

actor
....
yan yuan

conductor de autobús

gong jiao che si ji

taxista

chu zu che si ji

pescador

yu fu

mujer de la limpieza

qing jie nü gong

techista

wu ding gong

camarero

fu wu yuan

cazador

lie ren

pintor

hua jia

panadero

mian bao shi

electricista

dian gong

albañil

jian zhu gong ren

ingeniero

gong cheng shi

carnicero

tu fu

fontanero

shui guan gong

cartero

you di yuan

soldado

shi bing

arquitecto

jian zhu shi

cajero

shou yin yuan

florista

hua nong

peluquero

li fa shi

cobrador

shou piao yuan

mecánico

ji xie shi

capitán

chuan zhang

odontólogo

ya yi

científico

ke xue jia

rabino

la bi

imam

yi ma mu

monje

he shang

párroco

mu shi

herramientas

gong ju

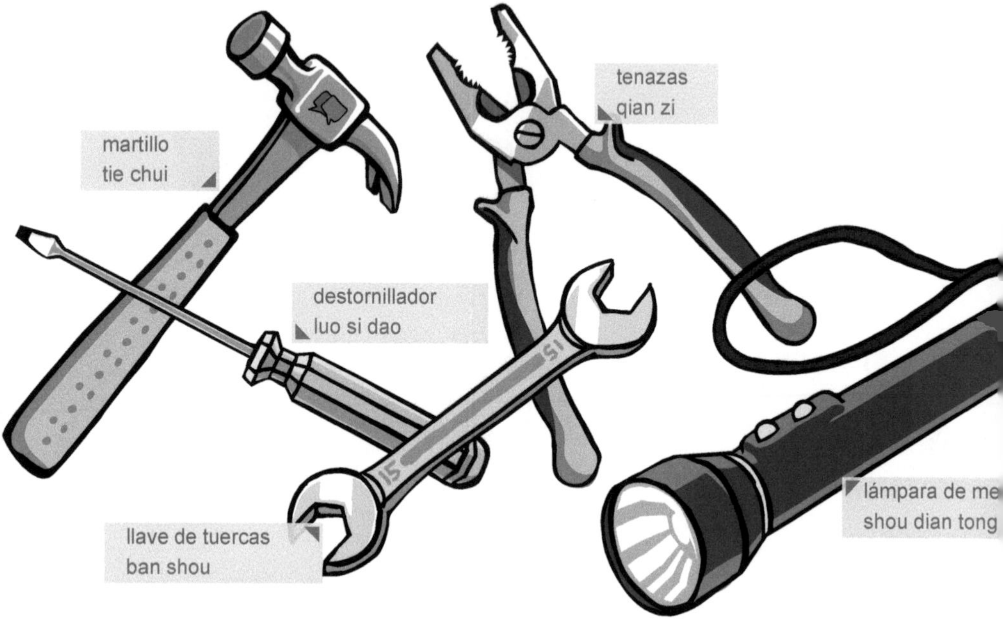
martillo
tie chui
tenazas
qian zi
destornillador
luo si dao
llave de tuercas
ban shou
lámpara de me
shou dian tong

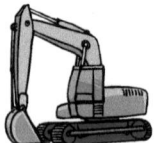

excavadora

wa jue ji

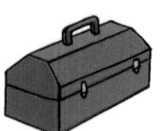

caja de herramientas

gong ju xiang

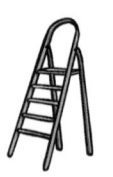

escalerilla

ti zi

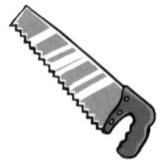

serrucho

ju zi

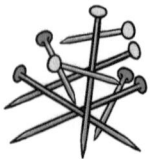

clavos

ding zi

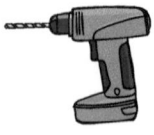

taladro

zuan ji

reparar

xiu

pala

chan zi

¡Maldición!

kao!

recogedor

bo ji

lata de pintura

you qi tong

tornillos

luo si

instrumentos musicales
yue qi

altavoz
yang sheng qi

batería
da ji yue qi

contrabajo
di yin ti qin

trompeta
xiao hao

guitarra
ji ta

piano

gang qin

violín

xiao ti qin

bajo

bei si

timbales

ding yin gu

tambor

gu

teclado

dian zi qin

saxofón

sa ke si guan

flauta

chang di

micrófono

mai ke feng

zoológico
dong wu yuan

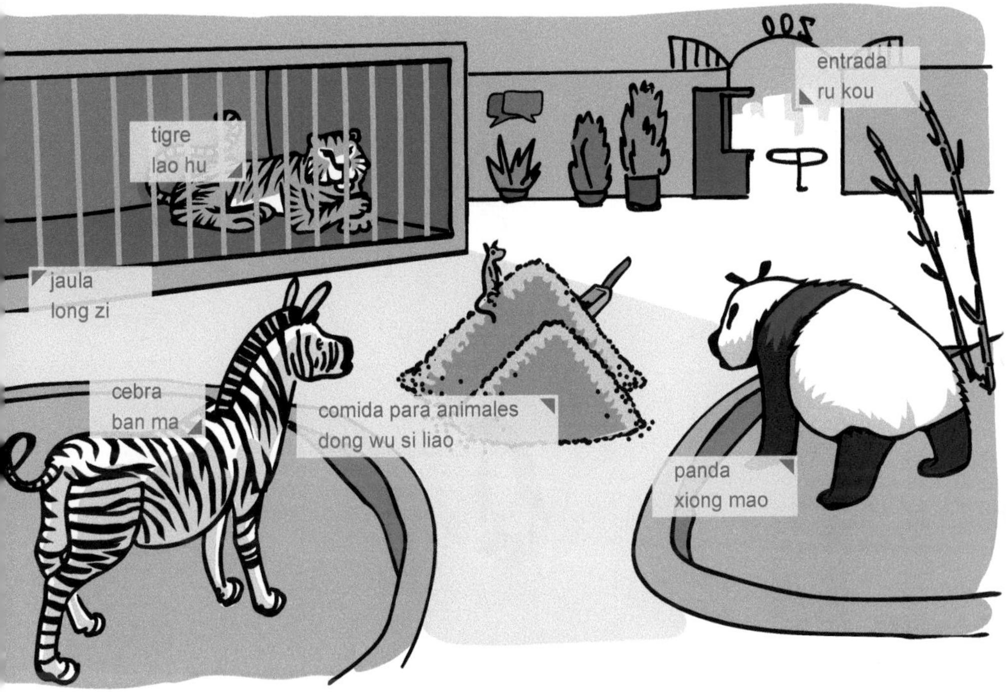
tigre
lao hu
entrada
ru kou
jaula
long zi
cebra
ban ma
comida para animales
dong wu si liao
panda
xiong mao

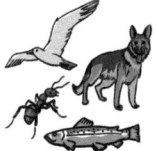

animales

dong wu

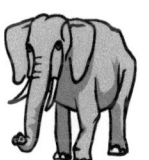

elefante

da xiang

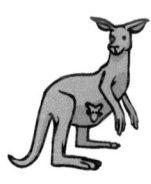

canguro

dai shu

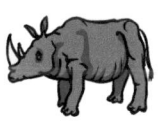

rinoceronte

xi niu

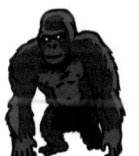

gorila

da xing xing

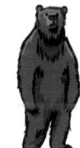

oso

xiong

camello

luo tuo

avestruz

tuo niao

león

shi zi

mono

hou zi

flamengo

huo lie niao

papagayo

ying wu

oso polar

bei ji xiong

pingüino

qi e

tiburón

sha yu

pavo real

kong que

serpiente

she

cocodrilo

e yu

cuidador del zoológico

dong wu yuan guan li yuan

foca

hai bao

jaguar

mei zhou bao

pony

ai zhong ma

leopardo

bao

hipopótamo

he ma

jirafa

chang jing lu

águila

lao ying

jabalí

ye zhu

pescado

yu

tortuga

gui

morsa

hai xiang

zorro

hu li

gacela

ling yang

fútbol americano
gan lan qiu

ciclismo
qi zi xing che

tenis
wang qiu

baloncesto
lan qiu

natación
you yong

boxeo
quan ji

hockey sobre hielo
bing qiu

fútbol
ying shi zu qiu

badminton
yu mao qiu

atletismo
tian jing

balonmano
shou qiu

esquí
hua xue

polo
ma qiu

actividades
huo dong

saltar
tiao
abrazar
yong bao
reír
xiao
caminar
zou lu
cantar
chang
soñar
zuo meng
rezar
qi dao
besar
qin wen

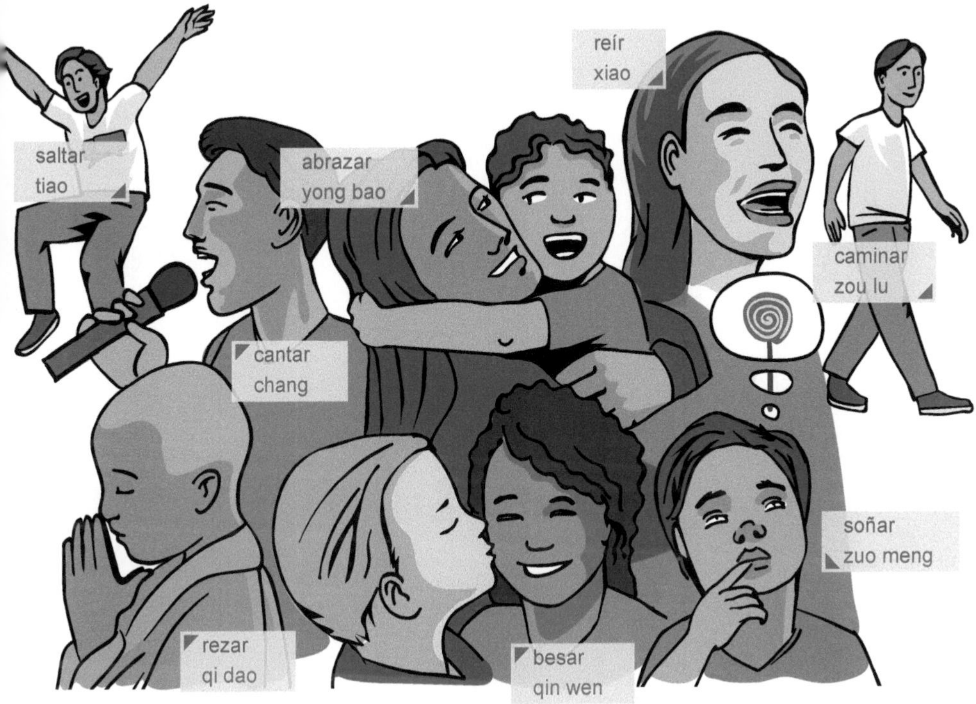

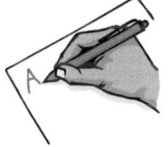

escribir

shu xie

dibujar

hua

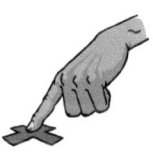

mostrar

zhan shi

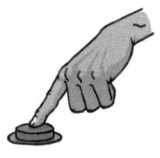

presionar

tui

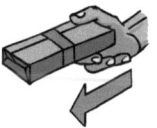

dar

gei

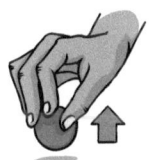

tomar

na

tener
you

hacer
zuo

ser
dang

estar de pie
zhan

correr
pao

tirar
la

arrojar
reng

caer
shuai dao

estar acostado
tang

esperar
deng dai

llevar
xie dai

estar sentado
zuo

vestirse
chuan yi

dormir
shui jiao

despertar
xing lai

mirar

kan

llorar

ku

acariciar

fu mo

peinarse

shu tou

conversar

jiao tan

entender

ming bai

preguntar

wen

oír

ting

beber

he

comer

chi

asear

qing li

amar

ai

cocinar

zuo fan

conducir

kai che

volar

fei

navegar

hang xing

calcular

ji suan

leer

du

aprender

xue xi

trabajar

gong zuo

casarse

jie hun

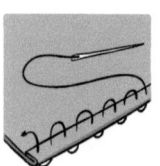

coser

feng

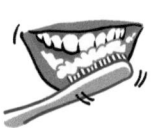

limpiarse los dientes

shua ya

matar

sha

fumar

chou yan

enviar

ji

familia
jia

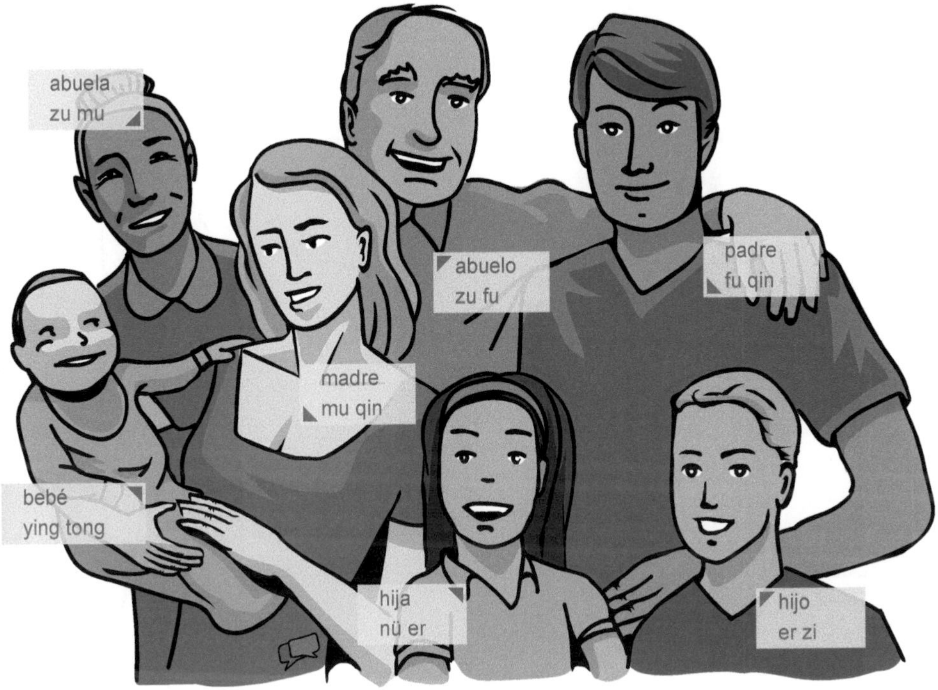

abuela
zu mu
abuelo
zu fu
padre
fu qin
madre
mu qin
bebé
ying tong
hija
nü er
hijo
er zi

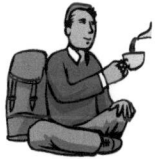

invitado

ke ren

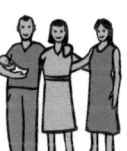

tía

a yi

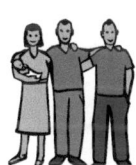

tío

shu shu

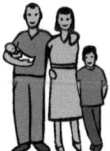

hermano

xiong di

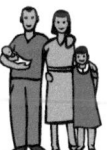

hermana

jie mei

cuerpo

shen ti

frente
qian e
ojo
yan jing
hombro
jian bang
dedo
shou zhi
cara
lian
barbilla
xia ba
mano
shou
pecho
ru fang
pierna
tui
brazo
shou bi

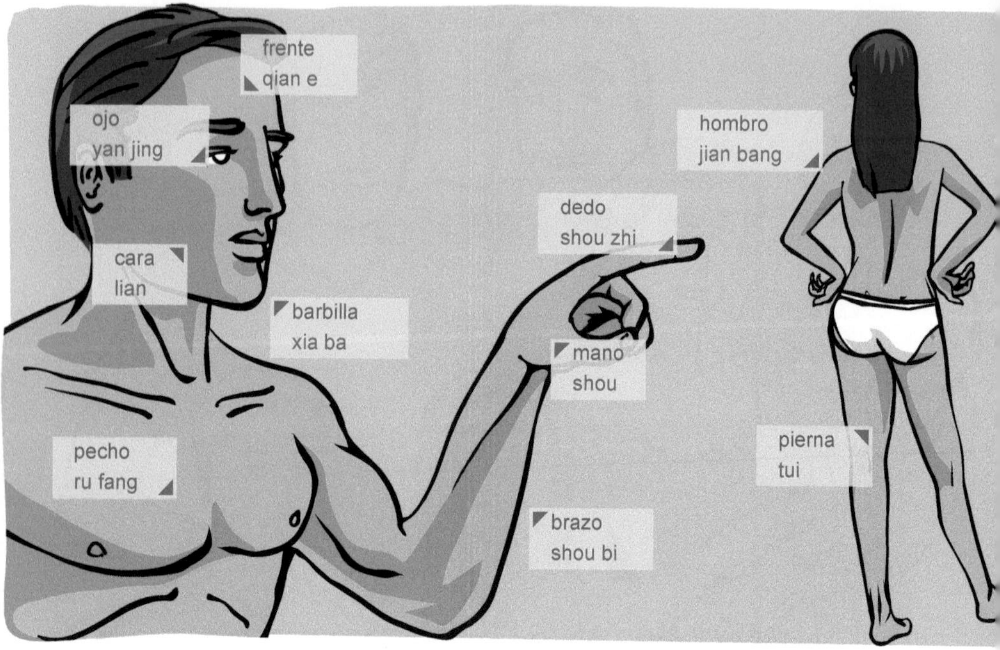

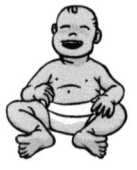

bebé

ying tong

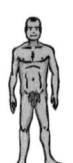

hombre

nan ren

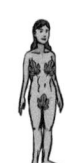

mujer

nü ren

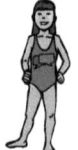

muchacha

nü hai

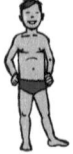

joven

nan hai

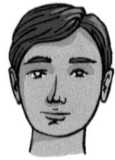

cabeza

tou

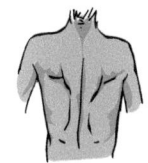

espalda

bei bu

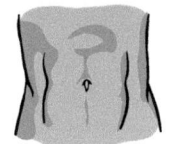

vientre

du zi

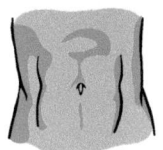

ombligo

du qi

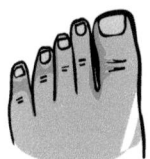

dedo del pie

jiao zhi

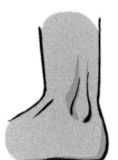

talón

jiao hou gen

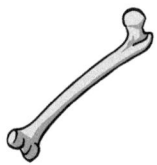

hueso

gu tou

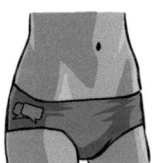

cadera

tun bu

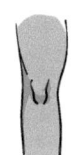

rodilla

xi gai

codo

shou zhou

nariz

bi zi

trasero

pi gu

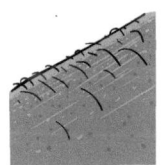

piel

pi fu

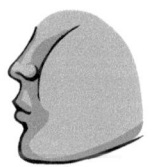

mejilla

lian jia

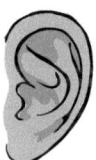

oreja

er duo

labio

zui chun

boca

zui

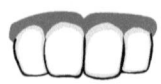

diente

ya chi

lengua

she tou

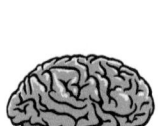

cerebro

nao

corazón

xin zang

músculo

ji rou

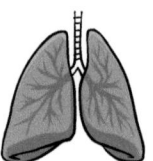

pulmón

fei

hígado

gan zang

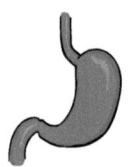

estómago

wei

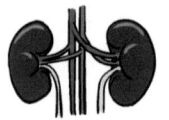

riñones

shen zang

relación sexual

xing jiao

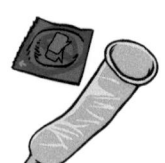

condón

bi yun tao

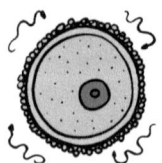

Óvulo

luan zi

esperma

jing zi

embarazo

huai yun

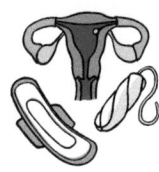

menstruación

yue jing

vagina

yin dao

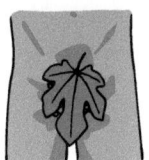

pene

yin jing

ceja

mei mao

cabello

tou fa

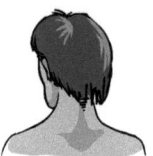

cuello

bo zi

cuerpo - shen ti

hospital
yi yuan

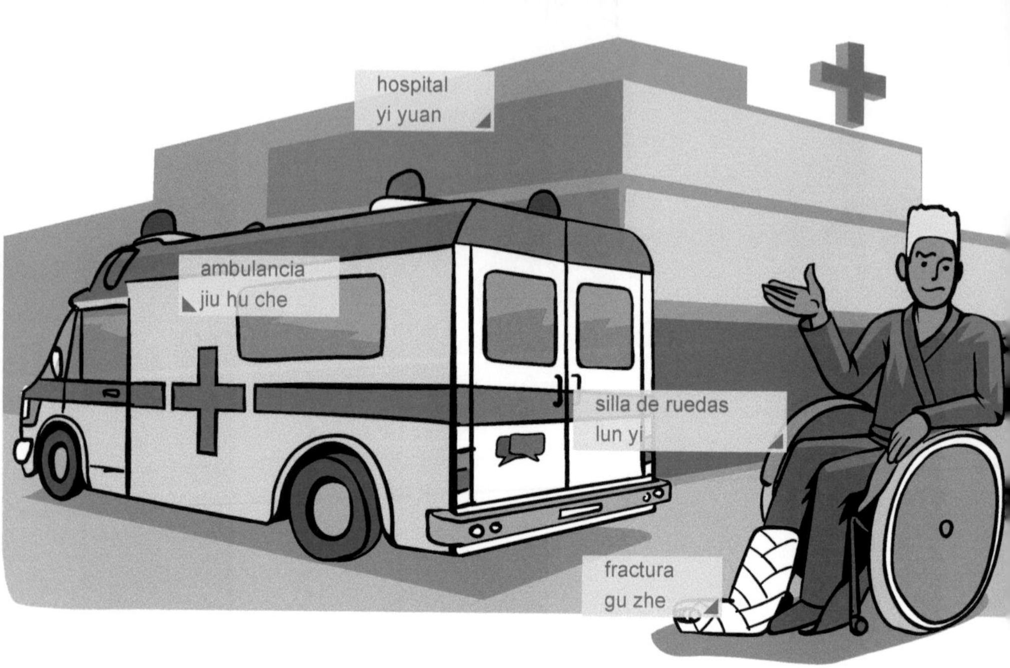

hospital
yi yuan
ambulancia
jiu hu che
silla de ruedas
lun yi
fractura
gu zhe

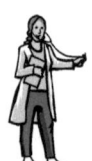

médico

yi sheng

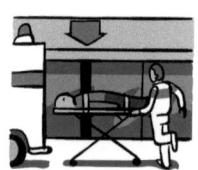

admisión de urgencia

ji zhen shi

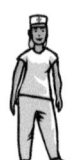

enfermera

hu shi

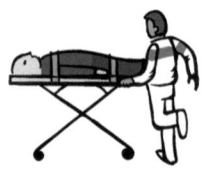

emergencia

jin ji qing kuang

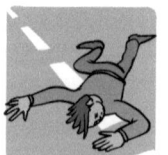

inconsciente

hun mi

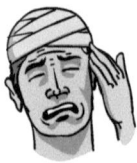

dolor

tong

lesión

shou shang

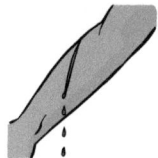

hemorragia

chu xue

infarto de miocardio

xin zang bing fa zuo

apoplejía cerebral

zhong feng

alergia

guo min

tos

ke sou

fiebre

fa shao

gripe

liu gan

diarrea

fu xie

dolor de cabeza

tou tong

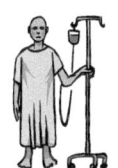

cáncer

ai zheng

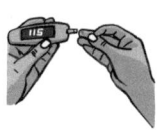

diabetes

tang niao bing

cirujano

wai ke yi sheng

escalpelo

shou shu dao

operación

shou shu

TC
CT

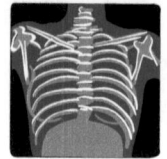

rayos X
X guang

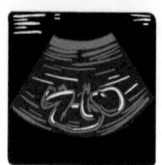

ultrasonido
chao sheng bo

máscara
kou zhao

enfermedad
ji bing

sala de espera
hou zhen shi

muleta
guai zhang

emplasto
shi gao

vendaje
beng dai

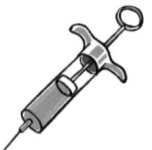

inyección
zhu she

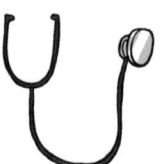

estetoscopio
ting zhen qi

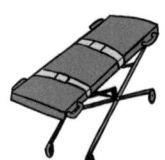

camilla
dan jia

termómetro
ti wen ji

nacimiento
chu sheng

sobrepeso
chao zhong

audífono

zhu ting qi

desinfectante

xiao du ye

infección

gan ran

virus

bing du

VIH / SIDA

ai zi bing

medicina

yao wu

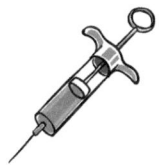

vacunación

jie zhong yi miao

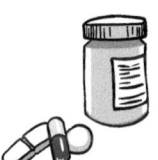

comprimido

yao pian

píldora anticonceptiva

yao wan

llamada de emergencia

ji jiu dian hua

medidor de presión arterial

xue ya ji

enfermo / saludable

sheng bing/jian kang

¡Ayuda!

jiu ming!

alarma

jing bao

asalto

tu ji

ataque

gong ji

peligro

wei xian

salida de emergencia

jin ji chu kou

¡Fuego!

zhao huo la!

extintor

mie huo qi

accidente

yi wai

kit de primeros auxilios

ji jiu xiang

SOS

hu jiu xin hao

Policía

jing cha

Europa

ou zhou

América del Norte

bei mei zhou

América del Sur

nan mei zhou

África

fei zhou

Asia

ya zhou

Australia

ao zhou

Atlántico

da xi yang

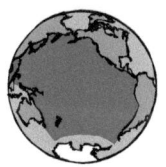

Pacífico

tai ping yang

Océano Índico

yin du yang

Océano Antártico

nan bing yang

Océano Ártico

bei bing yang

Polo Norte

bei ji

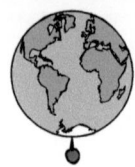

Polo Sur

nan ji

Antártida

nan ji zhou

Tierra

di qiu

país

lu di

mar

hai

isla

dao

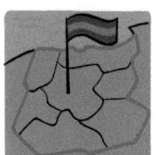

nación

guo jia

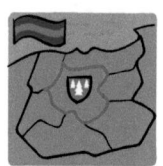

Estado

guo jia

cuadrante

zhong mian

horario

shi zhen

minutero

fen zhen

segundero

miao zhen

¿Qué hora es?

xian zai ji dian?

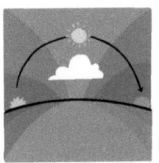

día

tian

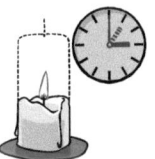

tiempo

shi jian

ahora

xian zai

reloj digital

dian zi biao

minuto

fen

hora

shi

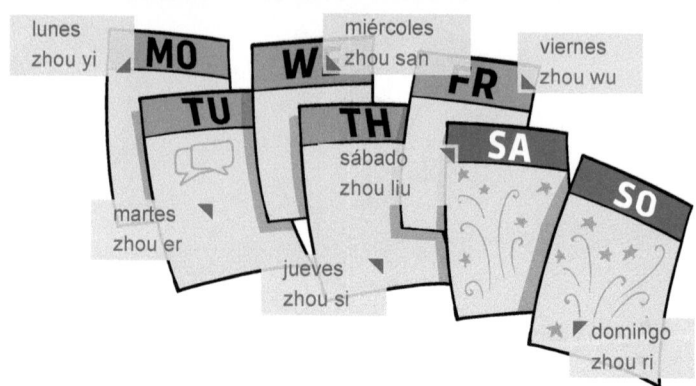

lunes
zhou yi

miércoles
zhou san

viernes
zhou wu

martes
zhou er

sábado
zhou liu

jueves
zhou si

domingo
zhou ri

ayer

zuo tian

hoy

jin tian

mañana

ming tian

mañana

zao chen

mediodía

zhong wu

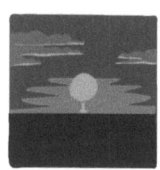

tarde

wan shang

MO	TU	WE	TH	FR	SA	SU
1	2	3	4	5	6	7
8	9	10	11	12	13	14
15	16	17	18	19	20	21
22	23	24	25	26	27	28
29	30	31	1	2	3	4

jornada de trabajo

gong zuo ri

MO	TU	WE	TH	FR	SA	SU
1	2	3	4	5	6	7
8	9	10	11	12	13	14
15	16	17	18	19	20	21
22	23	24	25	26	27	28
29	30	31	1	2	3	4

fin de semana

zhou mo

año

nian

lluvia
yu
arco iris
cai hong
nieve
xue
viento
feng
primavera
chun
otoño
qiu
verano
xia
invierno
dong

4.APRIL 11°
5.APRIL 4°
6.APRIL 13°
7.APRIL 8°
8.APRIL 10°

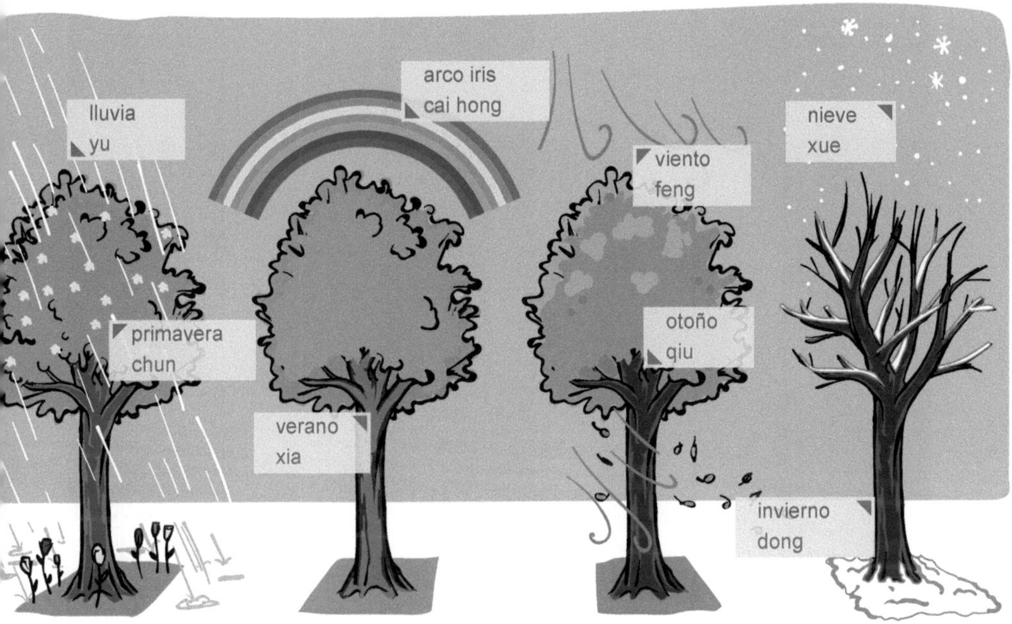

pronóstico meteorológico

tian qi yu bao

F
120
90
60
30
0
-30
C
40
30
20
10
0
-10
-20

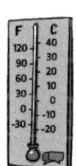

termómetro

wen du ji

luz solar

yang guang

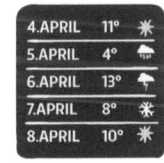

nube

yun

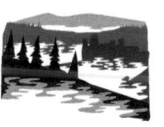

niebla

wu

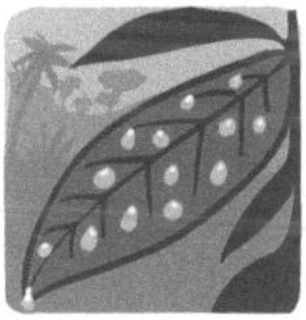

humedad ambiente

chao shi

relámpago

shan dian

trueno

da lei

tormenta

feng bao

granizo

bing bao

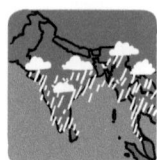

monzón

ji feng

inundación

hong shui

hielo

bing

enero

yi yue

febrero

er yue

marzo

san yue

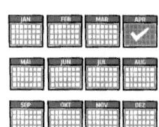

abril

si yue

mayo

wu yue

junio

liu yue

julio

qi yue

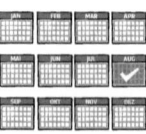

agosto

ba yue

año - nian

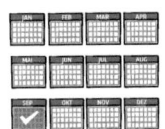

septiembre
....
jiu yue

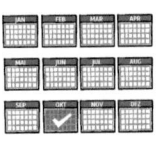

octubre
....
shi yue

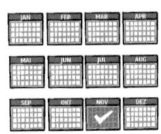

noviembre
....
shi yi yue

diciembre
....
shi er yue

formas
xing zhuang

círculo
....
yuan xing

cuadrado
....
zheng fang xing

rectángulo
....
chang fang xing

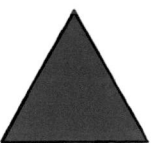

triángulo
....
san jiao xing

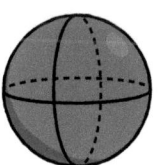

esfera
....
qiu ti

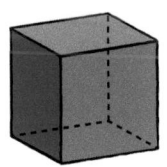

cubo
....
li fang ti

blanco

bai

amarillo

huang

anaranjado

cheng

rosa

fen

rojo

hong

lila

zi

azul

lan

verde

lü

marrón

zong

gris

hui

negro

hei

mucho / poco

hen duo/shao xu

enojado / calmado

sheng qi/ping jing

bonito / feo

mei/chou

comienzo / fin

shou/wei

grande / pequeño

da/xiao

claro / oscuro

ming/an

hermano / hermana

xiong di/jie mei

limpio / sucio

gan jing/ang zang

completo / incompleto

wan zheng/que shi

día / noche

bai tian/wan shang

muerto / vivo

si/sheng

ancho / angosto

kuan/zhai

disfrutable / no disfrutable

ke shi yong/fei shi yong

malo / amigable

xie e/shan liang

excitado / aburrido

xing fen/wu liao

gordo / delgado

pang/shou

primero / último

di yi/zui hou

amigo / enemigo

peng you/di ren

lleno / vacío

man/kong

duro / suave

ying/ruan

pesado / liviano

zhong/qing

hambre / sed

e/ke

enfermo / saludable

sheng bing/jian kang

ilegal / legal

fei fa/he fa

inteligente / tonto

cong ming/yu ben

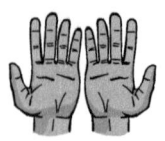

izquierda / derecha

zuo/you

cercano / lejano

jin/yuan

nuevo / usado
....
xin/jiu

nada / algo
....
mei you/you xie

viejo / joven
....
lao/you

encendido / apagado
....
kai/guan

abierto / cerrado
....
da kai/he shang

bajo / fuerte
....
an jing/chao nao

rico / pobre
....
fu/qiong

correcto / incorrecto
....
dui/cuo

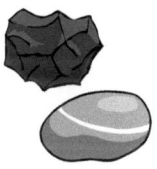

áspero / liso
....
cu cao/guang hua

triste / alegre
....
shang xin/gao xing

breve / extenso
....
duan/chang

lento / veloz
....
man/kuai

mojado / seco
....
shi/gan

caliente / frío
....
wen nuan/liang shuang

guerra / paz
....
zhan zheng/he ping

0

cero

ling

1

uno

yi

2

dos

er

3

tres

san

4

cuatro

si

5

cinco

wu

6

seis

liu

7

siete

qi

8

ocho

ba

9

nueve

jiu

10

diez

shi

11

once

shi yi

12

doce

shi er

13

trece

shi san

14

catorce

shi si

15

quince

shi wu

16

dieciséis

shi liu

17

diecisiete

shi qi

18

dieciocho

shi ba

19

diecinueve

shi jiu

20

veinte

er shi

100

cien

bai

1.000

mil

qian

1.000.000

millón

bai wan

inglés

ying yu

inglés estadounidense

mei shi ying yu

chino mandarín

pu tong hua

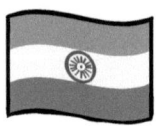

hindi

yin di yu

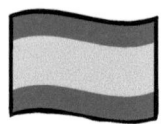

español

xi ban ya yu

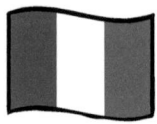

francés

fa yu

árabe

a la bo yu

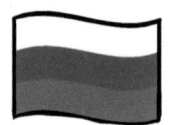

ruso

e yu

portugués

pu tao ya yu

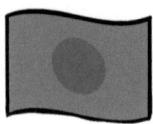

bengalí

feng jia la yu

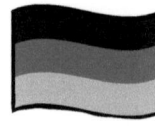

alemán

de yu

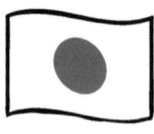

japonés

ri yu

yo

wo

tú

ni

él / ella

ta/ta/ta

nosotros

wo men

vosotros

ni men

ellos

ta men

¿quién?

shei?

¿qué?

shen me?

¿cómo?

zen yang?

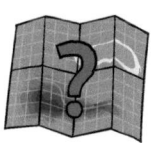

¿dónde?

na li?

¿cuándo?

shen me shi hou?

nombre

ming zi

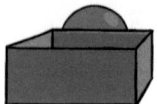

detrás

hou mian

en

li mian

delante de

qian mian

encima de

shang fang

sobre

shang mian

debajo de

xia mian

junto a

pang bian

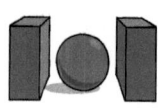

entre

zhong jian

lugar

di dian